옥천에 살어리랏다

전순표 시조집

오늘의문학사

국립중앙도서관 출판시도서목록(CIP)

옥천에 살으리랏다 : 전순표 시조집 / 지은이: 전순표. --
대전 : 오늘의 문학사, 2015
　　p. ;　 cm. -- (오늘의문학시인선 ; 363)

충청북도 문예진흥기금 / 옥천군에서 제작비 일부를 지원받
았음
ISBN 978-89-5669-728-4 03810 : ₩8000

현대 시조[現代時調]

811.36-KDC6
895.715-DDC23　　　　　　CIP2015033425

옥천에 살어리랏다

시인의 말

　대학 새내기 이전부터 시를 쓰기 시작하여, 이제야 첫 시조집을 펴낸다. 평소 시는 율조, 즉 리듬감이 있어야 한다는 생각에서 가사체 형식으로 시, 시조를 창작(創作)하여 발표했다. 그동안 발표한 시를 정리하여 시조집으로 발간한다.

　이 시조집에는 주로 옥천의 향토 유적과 산수풍광을 소재로 시작(詩作)한 작품들을 수록하였다. 「옛 향기는 흐르고」에는 옥천의 자긍심인 육진을 개척한 사육신 영도자 백촌 김문기, 대시인인 중봉 조헌 의병장, 조선 예학의 거유 우암 송시열 선생 등 옥천 선현들의 발자취를 따라 작품화 했다.

　예부터 옥천은 신라 이후 동국 18현 중 두 분인 조헌 의병장과 우암 선생을 배출한 문향(文鄕)으로 국가가 어려울 때 올바를 직(直), 즉 직언(直言)으로 왕께 목숨을 내놓고 국가를 위한 충의와 만백성을 위해 충성을 다한 애국의 고장이다.

근현대사에서도 시「향수」로 한국시문학의 선구자인 정지용 시인과 국민들로부터 존경받는 영부인 육영수 여사가 태어나 자란 곳이다.

　「가산별곡」은 어머니의 고향을 그리워하며 외가인 충청북도 옥천군 안내면 답양리 산수풍광을 다뤘고,「그리워 하지 않으리」는 옥천 향토유적과 그밖에, 중국 3대 미인을 소재한 시조 등을 수록했다. 「발길 닿는 그곳에」는 옥천 만 소재로 하다 지난해부터 폭을 넓혀 전국 명승지 등을 작품화한 것이다.

　「옥천에 살어리랏다」시조집이 주민들의 자긍심을 높이고, 또 옥천의 아름다운 산수풍광을 널리 알리며, 옥천인의 향토문화의 정체성을 함양하는데 도움이 되었으면 하는 마음이다. 역사는 반복되며 미래의 거울이며 지침서이다.

2015년 겨울 전순표

차례

시인의 말 ················· 4

제1부 ▌옛 향기는 흐르고

금강 유람 1 _장수뜸봉샘이 시원(始原) ············ 17
금강 유람 2 _옥천 금강 백오십리 ············ 18
금강 유람 3 _금강휴게소 감돌아 ············ 19
금강 유람 4 _오대리를 둘러보고 ············ 20
금강 유람 5 _명월암이 절경이다 ············ 21
옥천향교 沃川鄉校 ············ 22
시인 정지용 생가 ············ 23
육영수 여사 생가 ············ 24
옥주사마소 沃州司馬所 ············ 25
사육신 영도자 백촌 선생 ············ 26
후율당 後栗堂 ············ 27
조헌 표충사 表忠祠 ············ 28
경현당 景賢堂 _송시열 선생 ············ 29
정주영 고택 _후율당 마을 도이리 ············ 30
춘추민속관 ············ 31
고을 원님이 살던 집 ············ 32
영세불망비 永世不忘碑 ············ 33

천년고찰 용암사 1 ······················ 34
천년고찰 용암사 2 ······················ 35
천년고찰 용암사 3 ······················ 36
이지당 二止堂 ···························· 37
백제 고리산성 環山城 ··················· 38
백제 성왕 전사지 월전리 ··············· 39
식장산 구절사 ··························· 40
백제 성티산성 城峙山城 ················· 41
장령산 長靈山 ···························· 42
명월암 明月岩 ···························· 43
창주서원 滄洲書院 ······················ 44
적등강 赤登江 ···························· 45
독락정 獨樂亭 ···························· 46
청석교 靑石橋 ···························· 47
장계관광지 ································ 48
안터 고인돌 ······························· 49

제2부 ▎가산별곡

가산별곡 1 _ 열두 가산 찾아가세 ·················· 53
가산별곡 2 _ 어절씨구 가산 가세 ·················· 54
가산별곡 3 _ 절경을 찾아가세 ······················ 55
가산별곡 4 _ 고갯길 만고효자비 ···················· 56
가산별곡 5 _ 손대창 효자각 ························ 57
가산별곡 6 _ 장고개 명승지 ························ 58
가산별곡 7 _ 아름다운 명월암 ······················ 59
가산별곡 8 _ 옛 가산리 ···························· 60
가산별곡 9 _ 가산사 ······························· 61
가산별곡 10 _ 첩첩산골 태어나 ····················· 62
가산별곡 11 _ 사철 농사짓기 ······················· 63
가산별곡 12 _ 가지마라 두메산골 ··················· 66
가산별곡 13 _ 봄 농사 ····························· 67
가산별곡 14 _ 가산천 ······························ 68
가산별곡 15 _ 신토불이 ···························· 69
가산별곡 16 _ 황토방 ······························ 70
가산별곡 17 _ 가산길 ······························ 71

가산별곡 18 _양지골 陽地洞 ················· 72
가산별곡 19 _가지 마오 ···················· 76
가산별곡 20 _시집 가네 1 ··················· 77
가산별곡 21 _시집 가네 2 ··················· 78
가산별곡 22 _시집 가네 3 ··················· 79
가산별곡 23 _시집 가네 4 ··················· 80
가산별곡 24 _가산 친정 가고파 ··············· 81
가산별곡 25 _맥기나루 ····················· 82
가산별곡 26 _정그정 옥천 장 ················ 83
가산별곡 27 _아버님 정 ···················· 84
가산별곡 28 _장 보고 오는 길 ················ 85
가산별곡 29 _그리운 가산 ··················· 86
가산별곡 30 _친정곳이 ····················· 87
가산별곡 31 _가산천 유람 ··················· 88
가산별곡 32 _풍년 가산 ···················· 89
가산별곡 33 _장가 가네 ···················· 90

제3부 ┃ 그리워하지 않으리

구룡촌 九龍村 ················· 93
옥천이원 만세운동 ············· 94
쌍봉서원 雙峯書院 ············· 95
양신정 養神亭 ················· 96
청마리 靑馬里 ················· 97
청산향교 靑山鄕校 ············· 98
예곡정사 藝谷精舍 ············· 99
덕양서당 德陽書堂 ············· 100
경율당 景栗堂 ················· 101
막지강 연가 1 ················· 102
막지강 연가 2 ················· 103
장포강에서 ··················· 104
곰절이 폭포 ··················· 105
장고개 ······················· 106
열무네 뱃사공아 ··············· 107
봉수지기 딸 1 ················· 108
봉수지기 딸 2 ················· 109

앵두 櫻桃 …………………………… 110
그리워하지 않으리 …………………… 111
사방치 관성 언덕 ……………………… 112
고향의 봄 ……………………………… 113
한식날에 _어머니 ……………………… 114
가덕리 여름밤 ………………………… 115
은어의 고향 …………………………… 116
옥계리 폭포 …………………………… 117
복사꽃 여정 …………………………… 118
옛사랑 ………………………………… 119
고향의 강 ……………………………… 120
부처 세상 ……………………………… 121
언덕길에서 …………………………… 122
절세가인 왕소군 王昭君 ……………… 123
경국지색 서시 西施 …………………… 124
천하일색 양귀비 1 …………………… 125
천하일색 양귀비 2 …………………… 126
장강만리 長江萬里 …………………… 127

차례_11

제4부 ┃ 발길 닿는 그 곳에

백운리 白雲里 ·············· 131
한곡리 閑谷里 ·············· 132
대성리 大城里 ·············· 133
매화리 梅花里 ·············· 134
증약리 增若里 ·············· 135
마장리 馬場里 ·············· 136
궁촌리 弓村里 ·············· 137
현리 縣里 ·············· 138
촉석루 ·············· 139
영남루 ·············· 140
아랑낭자 ·············· 141
광한루 ·············· 142
죽서루 _ 이옥봉 여류시인 ·············· 143
영월 청령포 ·············· 144
경복궁 景福宮 ·············· 145
대관령 大關嶺 ·············· 146

무릉계곡 ………………………………… 147
주문진항 ………………………………… 148
강릉 경포대 ……………………………… 149
오죽헌 …………………………………… 150
경포 해수욕장 …………………………… 151
덕유산 기슭에 _처가집 ………………… 152
기국정 _대전 우암사적공원 …………… 153
남간정사 _대전 우암사적공원 ………… 154
상덕사 尙德祠 …………………………… 155
동춘당 _대전 송준길 고택 ……………… 156
호연재 김씨 (1) _동춘당 후손 며느리 … 157
호연재 김씨 (2) ………………………… 158
땅 끝 해남 ……………………………… 159

■ 작품해설 ‖ 리헌석
  옥천의 자연과 문화, 그 곡진한 사랑가 …… 161

제1부

옛 향기는 흐르고

금강 유람 1
— 장수 뜬봉샘이 시원(始原)

덕유산 장수 뜬봉
청정수 내린 물길
티 없이 맑디맑은 생명수 금강 이뤄
구천동 무주 진안 고원 계곡수가 모였다.

금산이라 적벽강 오묘한 바위절벽
돌아서 감아 돌고 호탄강 여울 지나
강선대 절경 중 절경이
송호리 솔밭이다.

양산 가 양산가요 금강물 모래밭에
잉어가 뛴다 뛰네.
양산가 들으면서
국악은 박연선생님, 난계사에 들르자.

금강 유람 2
— 옥천 금강 백오십리

옥천 땅 이원, 백지 적등강 반겨주네.

월이산 군계일학 물레방아 돌던 곳, 강 건너 도투마리 강물로 인적 끊겨, 칠방리 백사장에 호피석 알록달록 금강의 제일 명석이라고 수석가들 탐낸다. 이원 과수 묘목 전국에 유명하고 동이면 여울물에 포도향기 묻어나고 올목강 철봉산을 휘돌아 흘러가자. 2백리 대청호 물길 지금부터 시작이다. 강 풍경 멋있구나. 탁 티인 금강휴게소 오가는 온갖 차와 사람들 분주하다.

긴 여행 커피 한잔에 피로감이 풀리네.

금강 유람 3
― 금강휴게소 감돌아

휴게소 안녕하고 우산리 굽이돌아
새재와 높은 베루 강여울 계곡 돌아
청성면 합수머리 청산물 합쳐졌다.

산 돌아 쇠대, 청마 강마을 고적하다.
물굽이 흘러흘러 가덕리 더딕이라
금강의 쏘가리 잡아 망태기에 가득하다.

여울물 물보라다 쇠보루 안남 수동
놀란 듯 고라니들 강변들 펄쩍 뛰고
뺨 나웃 눈치 잡아서 뽀글뽀글 매운탕.

공부가 큰 즐거움 군자삼락 독락정자
강 건너 갈마골 땅 한반도를 꼭 닮았네.
괘생이 연주리 돌아 건너가던 피실나루.

금강 유람 4
― 오대리를 둘러보고

오리티 내려서서 황룡암 보내나루,
예쁜 님 홀로 두고 나루터 주막말에
석잔 술 취한 사공을 만나 보러 어서 가.

금강수 쏜살같이 3백리 내린 물길
안내면 장계교라 화인강 장포강아
건너주, 배 건너주소. 장포강을 건너주.

진모래 달돋이산 돌아서 토끼여울
군북면 이슬봉 하 소강은 소징이 앞
보리밭 넓은 들판이 물 잠긴 맥기 마을.

금강 유람 5
― 명월암이 절경이다

백토산 함티 여울 청풍정 명월암아!

진걸 마을 강 건너 고갯 마을 장고개라. 물 맑은 대청호수 변 오봉산이 아름답다. 복사꽃 활짝 피는 명승지 용호팔경, 갈마당 합수머리 서화천, 금강 만나, 금강 가 명산인 환산, 도저울 숯개여울. 공곡재 내달려서 대정리 방아실아! 방개라 휘돌아서 가산봉 돌고 돌아 보은 땅 대청호수를, 물길 따라 흐른다. 금강은 보배로다, 즐기세 유람하세. 대청호 옥천물길 백리 길 아름답다.

수려한 산수구경을 떠나보자, 즐기자.

옥천향교 沃川鄕校

명륜당 누마루에 글 읽는 소리 들릴 듯
옥천고을 학동들 여기 와서 마음 닦고
공맹자 바른 도리를 부지런히 배웠다.

조선이라 태조 때 교동리 향교 짓고
대성전에 공자님과 대유학자 위패 모셔
유림들 봄 가을철에 석전제를 올린다.

세종 때 송 군수는 명륜당 개축하여
인재들 불러 모아 옥천 교육 널리 폈다.
존엄한 성현 말씀 배워 동방예국 이루자.

누대에 올라서서 남 창문 열고 보니
내 손에 잡힐 듯이 웅장한 서대산,
남수문 창건기록이 현판 위에 걸렸다.

시인 정지용 생가

개울에서 뛰어놀던
어릴 적 지용 시인

청석교 다리 아래
피어나던 달맞이꽃

시집 온 어린 아내가
물을 긷던 우물가.

오가는 세월 따라
무심을 가꾸는데

이엉 올린 초가 삼칸
옛 추억이 담겨 있다.

선생은 멀리 가셨어도
시인 묵객 줄을 잇고.

육영수 여사 생가

나의 살던 고향에 살구꽃 피고 진다.
크기도 하여라, 사랑채 안채 연당사랑
커다란 아흔 아홉 칸 귀하게도 나셨다.

높다란 사랑채, 시원하다 6칸 대청
내문 열고 들어서니 안채가 자리하고
어머님 사랑 가득하던 정결한 안방이다.

천진난만 어린 시절 뛰어놀던 옛 집이다.
자수 놓고 서예 하던 정숙한 안채 뒷방
그리운 육영수 여사 다소곳이 앉은 자태.

청죽으로 숲을 이룬 언덕에 사당 있다.
연못 속 비단 잉어 떼를 지어 노닐다
빙그레 미소 머금은 하얗게 핀 연꽃 밭.

옥주사마소 沃州司馬所

마성산 내달아온
옥천고을 옛 터전에
사마시험 합격한
옥천 유생 전당이다.
다섯 칸 옥주사마소
아담한 옛 집이다.

정립 선생 사마안이
지금도 전해지는
중봉 조헌 우암 선생
자취 남은 명소다.
훌륭한 대유학자를
배출했던 옥천이다.

선비들 상징하던
회화나무 괴목 있어
상괴라 부르다가
상계리로 바꾸었다.
동편에 객사 있었고
실개천엔 청석교.

사육신 영도자 백촌 선생

신문고 북소리가 둥둥둥 울려 퍼져
대궐의 구중궁궐 왕의 귀에 들렸다오.
삼백년 우리 할아버지 억울함을 풀어주소.

삭풍의 두만강 가에 6진을 개척하고
사육신 단종 복위 지휘한 영도자로
억울한 백촌 선생의 신원복원 올렸소.

효자동 백지리는 백촌의 호를 따서
희다고 흔읍이라 땅이름 유래하고
훗날에 관작 복구되어 사육신에 올랐다.

진달래 꽃이 피는 따뜻한 4월 오면
청사에 만고충신 고향인 옥천에서
얼 기려 추모제향을 정성 다해 올린다.

* 백촌 선생 : 사육신 김문기의 아호

후율당 後栗堂

마을 앞 너른 들에 파릇파릇 봄이 오고
연분홍 복숭아 꽃 환히 핀 도이리다.
소슬 문 열고 들어서니 만고 충신 후율당.

십만 병사 주장하던 이율곡 선견지명
그 맥을 잇겠다고 조헌 호는 후율이다.
금산 벌 순절하셨던 애국 혼이 깃든 곳

임진란 충의기상 배움 터 후율당 내
충신각과 아들 완기 효자각 함께 있다.
금산서 만고 효자가 아버지와 숨졌다.

* 후율 : 임진왜란 의병장 조헌 선생의 아호.

조헌 표충사 表忠祠

산새들 지저귀는
소나무 우거진 골
임진란 깃발 올려 청주성 수복하고
아뿔사 금산 싸움에서
순절하신 의병장.

그 충성 높이 사고
충의정신 기려서
나라에서 조헌 선생 표충사 세웠다네.
사람들 한마음으로
추모제향 지낸다.

파도처럼 밀려오는
왜적의 무리들을
구국만이 백성사랑, 온 몸으로 막아 낸
진정한 나라사랑을
실천했던 의병장.

경현당 景賢堂

우암 선생 마음 닦던 경현당 찾아가자.
구룡촌서 산을 끼고
돌고 돌아 강기슭
경승지
자리를 잡은
기와 삼 칸 맞배집.

누마루 창문 여니 액자 속에 사진이다.
탁 티인 넓은 들판
달려오는 금강수야
우뚝한
월이산 산록이
한 폭 그림 수채화.

학동들 호연지기 길러주던 용문 옛 터
대한제국 밤 새워
구국을 논하던 곳
앞가슴
적시어 오는
선현들의 경현당.

정주영 고택
— 후율당 마을 도이리

따가운 5월 햇살 땀방울 배어난다.
모내기 바쁜 시절, 가는 봄 너무 짧고
대숲이 둘러싼 돌담,
정답구나, 고택아!

환한 웃음 주인장이 반갑게 인사한다.
큰 대문 들어서니 사랑채 정갈하다.
먹 찍어 일필휘지라,
붓글씨가 힘차다.

부친과 임 선생이 한학을 동문수학
얼마간 머무르며 작품 몇 점 남겼지요.
깨끗한 한옥 자태의
순수미가 아름답다.

* 임선생 : 임창순(1914~1999년) 옥천군 청산면 법화리 출신, 한학과 한국 금석학과 고전 연구의 대가로, 서예가이며 정주영씨 선친과 보은 선병국 서당에서 동문수학함

춘추민속관

대한제국 나라운명
바람 앞 촛불이다

중국서 독립운동
김규홍 옹 살던 옛집

문향헌 높은 추녀에
선비 기상 남았다.

앞마당 회화나무
나그네 좋은 쉼터

오상규 우국지사
괴정헌을 지었다.

요즈음 춘추민속관
새 단장을 하였다.

고을 원님이 살던 집

고수골 내린 물이
동으로 흘러가고

한 아름 대들보가
장중한 고택이다.

원님이 살았던 집
죽향리 지킨다.

조선조 철종 대에
새 집 지어 상량하고

옥천고을 다스린
고을사또 살았다.

댓돌 위 주련기둥에
옛 이야기 잠들다.

영세불망비 永世不忘碑

교동리 마을 입구
비바람 씻긴 비석.

옥천고을 부임사또
영원한 불망비다.

오가는 백성들이여
제발 나를 잊지 마오.

천년고찰 용암사龍岩寺 1

옥천명산 장령산 속
까마득한 바위절벽.
세월 속 아주 옛날 법주사 짓기 전에
서라벌 의신조사께서 티끌마저 비운 곳.

삼라만상 우주 가득 미륵전은 광명이라.
천년도량 앞 뜨락에
푸른 대밭 펼쳐지고
저 아래 그림을 따라 신선같이 사는 사바.

비구라,
처사님이라,
비구니라,
보살님이라.
대웅전 기둥에다 말뚝 신심 붙들고
부처님 강 건너가자, 간절히 기도한다.

천년고찰 용암사龍岩寺 2

언덕 위 솔밭 가에 동서석탑 층층 쌓아
비바람 천년세월
굳건히 지켜서고
雪눈밭
푸른 소나무 그 빛깔이 푸르다.

절 아래 하얀 안개 인간 세상 번뇌던가
묵은 때 벗기우고
홀로 참 나 찾는다.
미륵불
용화세계로 마음 벌써 신선이다.

천년고찰 용암사龍岩寺 3

드높다
천년고찰 용암사 뜨락 서면
뎅그렁 풍경소리 온 세상 울려 퍼져
번뇌는 다 달아나고 청정심이 새롭다.

탁 트인
그 경치에 환희심 가득하다.
인생사 잡념까지 모두 다 비우고서
기쁨과 슬픔까지도 생로병사 벗는다.

대웅전
용마루에 색즉시공 빛이 나고
불모님 오방세계 다 와서 합장하고
환희에 언뜻 떠오른 아침 해가 찬란하다.

이지당 二止堂

서화천 맑은 물이
휘도는 절벽 위에
높은 루 날아갈 듯 일곱 칸 기와지붕
예학의 대가이신 우암 선생
명명 하여 이지당.

옛날에 띠 집 하나
각신서당 만들어서
온 동네 학동 모아 천자문 깨우쳤다.
서당말 이지당이라
소풍하던 명소다.

참나무 큰 바위에
유상지소 새기었다
대추 밤 술 나누며 찾아 온 벗과 함께
의병장 조헌 선생은
달빛 속을 거닐다.

* 유상지소 : 의병장 조헌 선생이 이지당 산정과 서화천을 거닐며 소요하던 장소

백제 고리산성環山城

백제군 함성소리
산마루 잠이 들고

긴 세월 흘러가니
자취마저 희미하다.

봄 맞아 고리산 능선
화사하게 핀 진달래.

백제 성왕 전사지 월전리
— 구진벼루, 말무덤

재건산 깍아 지른 절벽 위 삼성산성
날렵한 신라군사
백제성왕 사로잡혀
한 맺힌
부여 병사의 구진벼루 말무덤.

서화천 옥천 땅에 뻐꾹새 구슬프고
식장산 성 마루에
백제 군사 새긴 충정
양짓말
월전리 들에 늘 푸르게 빛나소.

식장산 구절사

구름 걸린 벼랑 길
욕심 털며 올라서면

바위병풍 둘러친
식장산의 구절사.

청풍에 번뇌를 씻고
무량무심 가꾼다.

백제 성티산성城峙山城

말동산 꼭대기에 백제 산성 있답니다.
서화 들 바라보며
신라군을 막았다오.
옛 얘기
세월 따라서
전설되어 흐르다.

천년을 하루같이 비바람에 씻긴 성벽
백제 혼 묻혀 있는
역사 깊은 성티산성
수구지
아름다워서
백제산성 백미다.

* 수구지 : 산성에 물이 빠지는 곳을 水口址라 함. 성티산성은 옥천군 군서면 은행리 말동산 정 백제산성

장령산 長靈山

하얗다 희끗 희끗
순백색 봉우리다.
장령산 금천계곡 조헌 선생 유람하며
빼어난 명승지 서화천의 율원9곡 노래했다.

장령산 옥계수야
어디로 흘러 가냐.
장보러 오고가던 눈에 선한 사목재 길.
매 홀로 앉던 봉우리 왕관바위 족두리봉.

장령산 서대산에서
따뜻한 남풍 분다.
봄소식 전해 주어 싹 트고 꽃이 피네.
사목재서 소낙비 구름 비 소식이 반갑다.

* 장령산 : 장령산휴양림에 위치한 해발656m 명산,
* 율원구곡 : 조헌 의병장이 임진란 전에 서대산에서 금천천, 서화천 계곡을 따라 금강 합수지까지 9곳의 수려한 절경을 노래함

명월암明月岩

청풍정 바위절벽 명월의 꿈이 서려
김옥균 구국충절 너무나 사모해서
꽃 같은 자기 몸을 푸른 강에 던졌다.

애달픈 옛이야기 강물 따라 흐르고
비단강 혼불 되어 달빛 아래 피어나서
꽃바람에 흩날리며 가신 넋을 부르네.

물결 따라 밤도 깊다 봄이라 꽃 피련만
하얀 달빛 내려앉은 고요한 청풍정에
정자에 홀로 올라서 그대 명월 그린다.

* 명월암 : 충청북도 옥천군 군북면 석호리 진걸 청풍정 금강가 바위 절벽으로 개화기 김옥균 선생과 기생 명월의 이야기가 전해오는 명소이다.

창주서원滄洲書院

월이산 명산 아래
유서 깊은 옛 고을
이산현 현청 있던
구장터 현리이다.
일찍이 우암 선생이
창주서원 세우다.

조헌 의병장, 김집 선생
스승님 위패 모셔
예학의 가르침을
배워서 펼쳐보자,
동방의 등불이 되자,
마음 닦던 배움터.

적등강 赤登江

물굽이 휘돌아서 흐르는 비단수야.
따가운 가을햇살 물줄기를 만나니
세월에 찌든 마음을 시원하게 씻는다.

농염한 아낙네의 차오르는 속살처럼
다산의 대풍년을 알리는 가을 오후,
강 너머 산수풍광이 너무나도 멋있다.

은하수 은린처럼 옥계수 반짝이는
영롱한 백옥 빛을 잉태한 적등강은
천만년 청류벽 따라 서해바다 가나니.

독락정 獨樂亭

휘도는 금강 물이 속삭이는 벗을 삼아
둔주봉 불어오는 청량한 바람결에
선비들 공부하는 즐거움이 넘친다.

「학이시습지면 불역열호아」라
글소리 남향받이 처마 끝에 달리고
빛바랜 삿갓 쓰고 온 글방 친구 반갑다.

수백 년 흘러서도 독락정 변함없이
오늘도 벗 삼아서 글 읽는 즐거움에
뜨락의 주황 나리도 꽃 방울을 터트린다.

청석교 青石橋

— 선화공주

그 옛날 청석교에 아름다운 전설 있네.
서라벌 총각 따라 섬섬옥수 선화공주
시집을 가던 옛길 위 연꽃 밭에 청석교.

강 건너 산마루성 신라초병 지켜보며
서라벌 두고 온 님 보고픈 내 사랑아,
공주님 시집을 가서 행복하라 절 하네.

뉘라서 데려 갔나 모르는 그 총각은
마 캐는 서동 총각 귀하신 공주 모셔
백제왕 등극하시니 그 서동은 무왕이다.

장계관광지

옥천을 안은 강에 물안개 피어나고
장계교 다리 놓아 옥천 보은 이어주네.
시원한 대청호수가 청벽 따라 흐르고.

마성산 산줄기에 이슬봉 맺힌 길지
그 곳에 아름다운 관광지 들어서니
사람들 천지사방에서 계절 따라 찾는다.

둥근 달 떠오르는 강 건너 달돋이산
김옥균 삼일천하 조상 묘 전해오고
지용 詩 살아 숨 쉬는 아름다운 관광지.

안터 고인돌

대청호 출렁이는
아늑한 남향받이

안터마을 동네 입구에
석기시대 고인돌.

원시인 큰 웃음 띠며
어서 와요, 반긴다.

제2부

가산별곡

가산별곡佳山別曲 1
― 열두 가산 찾아가세

더위 지친 사람들, 가산이 어드메냐
하늘만 빼꼼하다
가산천 두메산골
가보세, 산천유람을, 열두 가산 찾으세.

바쁜 삶 접어두고 유람 가는 사람아
푸른 산 머루, 다래,
칡덩굴 맑게 맺힌
하늘가 첫 번째 동네 열두 가산 가보세.

채운산 높은 봉이 오늘은 더 푸르다.
흰구름 새털 같이
떠간다 청색하늘
순수한 열두 가산은 눈이 부신 명승지.

가산별곡 2
— 어절씨구 가산 가세

얼씨구 열두 가산 절씨구 가산 좋다.
도가실 지나서 밤티서 올라 올라
한굽이 일곱 굽이 돌아 고개 너머 용촌리.

나라 걱정 조헌선생 한적히 산보하며
하늘의 천기 보던 용촌골 유상지석
임진란 조헌 의병장 후율정사 가보세.

천성산 임난 의병 후율(後栗)선생 만나러
가보세 가보세나 열두나 가산 좋다.
얼씨구 열두나 가산 산수풍광 좋구나.

가산별곡 3
― 절경을 찾아가세

찾으세 찾아가세 고라니 산토끼라
가산 땅 빨가벗고 뛰노는 순수세상
청정한 맑은 공기를 즐겨보자 즐기세.

얼씨구 가산산천 풍광이 좋을시고
시원한 삼림욕을 가슴 펴 마셔보세.
가보세 아름다운 곳 열두 가산 찾으세.

소징이 배를 타고 맥기 마을 올라서
모랭이 또 모랭이 고갯길 첩첩산중
절벽 위 산벼랑 길을 돌아서 십여 리 길.

얼씨구 산천경치 절씨구나 장고개.
사뿐히 밟아보자 꼬부랑길 오르세.
펼쳐진 대청호 풍광 천하절경 장고개.

가산별곡 4
— 고갯길 만고효자비

흙 밟고 타박 투벅
돌 밟고 토박 터벅

맑은 공기 마시니
산삼보약 따로 없다.

장고개 올라나 보세
스무 굽이 산 고개.

산이 높아 골 깊네.
길섶 위 산중턱에

만고효자 비각 있어
그 곳을 둘러보니

손공은 늑천선생 제자,
만고효자 귀감이다.

가산별곡 5
— 손대창 효자각

가세나 가산 가세 만고효자 보러가세
산밭에 호미 들고 뙤약볕 땀 흘리며
한손에 공자 맹자님 사서삼경 닦았다.

과거길 마음 비우고 오로지 수신제가
지극한 부모공양 정성으로 다했다.
조정도 감동하여서 정려각을 내렸다.

번뇌를 다 비우고 속세 잡풀 싹뚝하고
장고개 찾아가세, 공맹의 도덕 군자
열두나 가산 좋을시고 장고개를 찾으세.

가산별곡 6
— 장고개 명승지

장고개 산마루턱 한 눈에 내려 뵈는
대청호 산수 풍광 빼어난 경치로다.
어허라, 감탄사 터지는 여기 바로 비인간.

진걸강 건너편에 좌청룡 오봉산이
대청호 맑은 물에 그림자를 드리우고
세상을 모두 얻은 듯 출렁이는 저 자태.

미리새 십리 절벽 우백호 채운산
춘삼월에 만발하는 복사꽃 살구꽃
눈 앞의 용호팔경과 발 아래 군북팔경.

* 용호팔경 : 龍湖八景, 옥천군의 절경
* 군북팔경 : 郡北八景, 옥천군의 절경

가산별곡 7
― 아름다운 명월암

신선들 유람하며 김옥균 구국충절
명월암 기생 전설 전하는 바위절벽
청풍정 날아갈 듯한 산수풍광 경승지.

갑신년 삼일천하 서러워 서럽구나.
애석한 슬픔일랑 저 강물에 던지고
가보세 찾아나 보세 아름다운 명월암.

아담한 정자누대 맑은 바람 명경지수
탑탑한 동동주를 달밤에 기울이면
이태백 찬탄하였던 동정호에 비기랴.

가산별곡 8
— 옛 가산리

가보세 가보세나 찾으세 열두 가산.
세속의 티끌일랑 장고개 용촌고개
훌훌 탁 털어 버리고 짬을 내서 가보세.

골짜기 옹기종기 터 잡아 사람 사네.
사천왕 졸고 있네, 석삼년 졸고 있네.
가산골 두메나 산골 열두 가산 가산리.

논골 화골, 양지말 위터골은 답양리
지경말 을미기, 진주골은 보은 땅
찾으세 열두나 가산 아름다운 가산리.

가산별곡 9
― 가산사

무지개 피어나는 가산이 명산이라.
채운산 천하명당 백천세 만세도량,
신라 때 천년 고찰인 가산사를 세우다.

또렷이 택리지에 구절사 함께 있네.
가보세 열두 가산 가산사 찾아가세.
일상사 속절없는 세월 훌쩍 떠나자.

가보자 부처 세상 가산사 찾아가세.
세상 시름 탁 놓고서 열두 가산 찾으세.
절 샘물 맛 좋을시고 바람결도 시원해.

가산별곡 10
― 첩첩산골 태어나

삼신산 할미 따라 태어난 두메산골
기차도 서울구경
못해서 서러운데
평생을 뼈골 빠지게 몸 놀려서 일했네.

나물죽 감자 수수 땅 파다 뒷산 너머
가산골 우리할미
황천에 가봤더니
이생이 힘들다 해도 희망 갖고 살라한다.

가산별곡 11
— 사철 농사짓기

⟨1⟩ 봄, 누에치기
가산골 사시사철 아름다운 열두 가산
봄이라 춘삼월에 뽕잎 나 옥색 초록
봄 좋다 열두나 가산 누에 쳐서 비단 짜.

⟨2⟩ 여름, 모시풀 베짜기
가보세 가산이라 여름에 찾았더니
여름날 모시 길러 베적삼 만들었네.
풀 먹여 가다듬어서 서방님을 입히자.

밭갈이 김매기다. 무더위 나는 땀띠
모두들 물러가니 서낭님 좋을시고
얼씨구 저절씨구나 열두 가산 좋터라.

⟨3⟩ 가을, 목화따기
비탈밭 심은 목화 늦가실 걷어다가
얼레로 돌려 자아 무명실 만들어서
베틀의 들줄 날줄로 무명천을 만드세.

긴긴 밤 동지섣달 새벽녘 찬바람에
눈썹이 새하얗게 눈 비벼 오는 잠을
참으며 꼴딱 밤 새워 무명천을 자으세.

⟨4⟩ 겨울, 목화솜
뽀송한 목화 따다 달덩이 우리 아들
따뜻한 옷을 만들어 설한풍을 감싸고
천지 간 귀한 금지옥엽 응아 응아 애기야.

싸리 눈 내릴 때에 포근히 감싸주세.
가보세 가산 가세 행복한 살림살이
따뜻한 열두나 가산 하늘 아래 첫 동네.

큰 아씨 정거정에 춘삼월 시집가니
청홍색 천을 사와 옥양목 새 솜 넣어
아들 딸 주렁주렁 낳고 행복하게 살라네.

〈5〉 겨울, 부부 금슬
가보자 한 겨울에 찾으세 열두 가산
사랑아 내 님 사랑, 좋구나 알콩달콩
남겨 논 목화 자아서 푹신한 솜 만들자.

한 겨울 두툼하게 솜이불을 누벼서
긴긴 밤 바람 씽씽 서방님 자리 펴고
낭군님 어절씨구나 만리장성 만들자.

* 늦가실 : 늦가을의 옥천 사투리.

가산별곡 12
― 가지마라 두메산골

순박한 열두 가산 동짓달 얼음 꽝꽝
고구마 깎아 놓고 한 조각 우적우적
대가족 식솔들이 층층시하 많구나.

가지 마 가지 마라 가산골 고생고생
그래도 인정 있어 사람들 따뜻하네.
맘만은 풍족하노니 다정하게 살으리.

초가집 삼칸 짓고 욕심을 줄이고서
산천을 벗 삼아서 즐기는 안빈낙도
두메라 열두나 가산 살아보세 가보세.

가산별곡 13
— 봄 농사

새봄이 찾아온다, 농사일 분주하다.
아침에 온가족이 논밭에 씨 뿌리고
모판에 토실한 볍씨 풍년 들라 일 하네.

몸 놀려 팥밭이다, 산밭을 가꾸어서
집 너머 꼴짝 논에 그득히 풍년 들면
흰쌀밥 고기반찬에 맛있게 먹어보세.

온 가족 먹세 먹세 맛있게 먹어보세.
허리끈 풀어놓고 배부르게 먹어보세.
열심히 더 부지런히 농사일을 해보세.

가산별곡 14
— 가산천

천성산 내린 물이 흐르는 열두 가산
두메나 가산 산골 가보세 찾아가세.
얼씨구 가세 가보세, 절씨구 열두 가산.

열두나 가산이라 하늘아래 첫 동네
용수말 용촌에서 가산천 내린 물이
가산천 돌고 돌아서 힘차게도 내달려.

솔맥이 도랑 건너 비석 돌 옹기 단지
갖가지 골동품들 요강까지 다모였네.
그 이름 가산박물관 오만 것들 다 있다.

얼씨구나 절씨구나 가보세 찾아보세.
가산천 수정 같은 큰 계곡 따라 가서
박물관 뒤로 한 채로 가산 산천 돌아 봐.

가산별곡 15
― 신토불이

세상에 제일 큰 게 먹거리 마련이다.
맛 좋은 방고무를 가산서 먹어보세.
산뻬알 황토밭에서 산 이슬을 머금다.

청정수 먹고 자란 오곡을 먹어보세.
잡사 봐 잡사보세 가산골 잡곡 좋다.
오곡 든 가산 잡곡밥 몸에 좋네, 얼씨구.

촌사람 인정 넘쳐 가산골 좋을시고.
위하여 신토불이 우리 것 먹어 보세.
가산골 열두나 가산 옥천의 산수 갑산.

* 방고구마는 밤고구마의 옥천사투리.

가산별곡 16
— 황토방

앞산에 소나무 베어 서까래 걸어 놓고
새 볏짚 이엉 엮어 초가집 지붕 올려
수숫대 둘둘 엮어서 벼람박 둘러친다.

요즈음 어절씨구 황토방 원조라네.
가보세 열두나 가산 찾아가세 찾아 가.
가산서 황토방 짓고 뜨끈뜨끈 지지세.

* 벼람박 : 벽의 옥천사투리

가산별곡 17
― 가산 길

장고개 넘어 고개 마루 내려서면
이 골짝 저 골짝에 우거진 수풀 속에
명아주 으름넝쿨이 얼크러져 어우러져.

고사리 먹고 살던 주나라 백이숙제
나물에 물마시고 옛 일이 절로 인다.
속세에 묻힌 묵은 떼 속 시원히 벗기세.

태장봉 옆에 끼고 세모골 지나칠 때
몸 빵구 뽕뽕 끼며 삼독을 툭툭 터니
요 골짝 싱그럽고 조 골짝 청량하다.

참나무 소나무 숲 산새들 재잘대고
방구나 좋을시고 가산골 얼씨구나.
가보세 열두나 가산 심심산골 찾으세.

* 백이숙제 : 伯夷叔齊
* 방구 : 운수납자 스님들이 수행하러 선방에 들 때 걸망과 바루를 드리는 일.

가산별곡 18
— 양지골 陽地洞

〈1〉
비탈진 골짜기에 집들이 옹기종기
돌 깎고 쌓아 올려 층층이 집이로다.
빈집이 몇 집 남아서 동네 면목 세운다.

내 고향 양지산골 자나깨나 지켜주니
고맙소 고마웁소 술 한말 내야겠네.
가산 가 답양리 양지골 옛날을 추억하세.

〈2〉
가산 가 가산가세 양지골 찾아가세.
큰 길 가 동구 밖에 조그만 다리 하나
해 잘 든 양지언덕에 팔작집 높이 있다.

밀양박씨 국당 자손 사당 있어
선대 조상 모신 마음이 애틋하다.
얼씨구 어절씨구나 열두 가산 가보세.

공자님 삼강오륜 가산골 살아있고
양지골 두메산골 조상님 공덕 안다.
찾아서 어서 가보세 양지산골 가보세.

〈3〉
구경가세 가산가세 양지골 찾아가세.
둥그런 느티나무 한 아름 좋을시고
동구 밖 개울가에는 차돌방구 치성방구.

산신령 덩실덩실 얼씨구 절씨구나.
이 거리 대보름날 대동제 제사 올려
신령한 탑새거리라 동네 사람 부른다.

〈4〉
가보세 양지산골 얼씨구 정월이라.
보름날 우리 소원 손 모아 축원하러
안내 땅 답양리 양지골 탑사 거리 가보세.

훤한 달 대보름날 초저녁 둥근달이
두둥실이 떠오르면 깨끗한 차림으로
정성껏 동네사람들 탑새 치성 드린다.

산신령 용왕대신 온 세상 대신님께
마음을 기울여서 빌면서 지극정성
대풍년 마을안녕 무병장수 축원한다.

내 말씀 들어 주소 이내 몸 보살피소.
구경 가 구경 가세 양지골 보름구경.
소지 요 대동소지로 마을 안녕 올린다.

〈5〉
대주소지 올려서 온가족 축원하네.
갑오생 박씨 대주 손 모아 기원하고
빕니다 빌고 비나이다 칠성님께 비나이다.

산신령 성황대신 두 분께 비나이다.
올 농사 순조롭고 풍년들게 해주소.
식구들 정성 다해서 비나이다 비나이다.

집사람 건강하고 애들 건사 잘해서
온가족 화목하고 무병케 비옵니다.
큰 아들 학교 잘 다니고 가족들도 건강히.

학교길 차조심에 집 올땐 사람조심
빕니다 비옵니다 평안을 비나이다.
대보름 신나던 풍물 양지산골 가보세.

이곳저곳 비나이다 먹세 먹세 수수팥떡
하얗다고 백설기 귀 밝기 술 마셔보세.
대보름 무병장수는 따 논 당상 아니겠소.

〈6〉
구경 가 구경가세 정월달 대보름날
꽹과리 풍물 친다 북소리 우렁차다.
오늘밤 실컷 놀아보세, 쾅 개캥캥 갱두 갱.

풍물패 샘터에서 물 주소 물 좀 주소!
가뭄에 퐁퐁 솟게 물 주소 물 좀 주소!
품으세 확확 품으세 물 줄기를 뚫으세.

샘물아 쏟아져라 품으세 물 좀 먹자.
양지골 탑새 구경 얼씨구 절씨구나.
달맞이 큰 달 보려면 양지산골 가보세.

* 차돌방구 치성방구 : 방구는 바위의 옥천사투리

가산별곡 19
― 가지 마오

가지 마, 가지 마오.
가산골 가지 마오.
삼년간 동학난리 낭군 잃고 피난 와서
인생이 다 고해라 해도
이보다 더 힘겨울까.

가지 마, 궁벽산촌
시골로 가지 마오.
미운 정 가산인데 고운 정도 들었다.
하늘만 빤한 곳으로
가지 마오, 가산골.

가산별곡 20
— 시집가네 1

예닐곱에 빨간 연지 수줍은 곤지 찍고
곱게도 단장하고 시집을 시집간다.
양지골 가산 새악시 두메산골 아가씨.

장고개 산 넘어서 시집가 시집가네.
호걸풍 맥기 솔밭 숫총각 장가간다.
가산골 두메나 산골 우리 처가 얼씨구.

왜 이리 좋다더냐, 호롱불 까막신도
그 때가 그립다고 그 누가 말했더냐.
따뜻한 인정 넘치던 순박하던 가산아.

비탈 밭 수수 심고 팥과 콩 넘쳐난다.
옥수수 감자 심고 담배 따던 그 시절,
그리워 눈가에 어리는 가산산골 가고파.

가산별곡 21
― 시집가네 2

강바람 몹시 차서 눈물 찔끔 고생고생
말 마소, 말도 마소, 시집이 좋다마소.
그래도 안 가는 것보다 시집살이 좋단다.

삼년이 석 삼년을 시어미 눈칫밥과
시누이 코치밥에 얼굴에 주름살이
이마에 계급장 주름살만 늘어 늘어 간다네.

어릴 때 곱디 고운 섬섬옥수 그 손가락
날 새면 밭매기다 담배 밭 고된 일에
그래도 친정이 그립구나, 다시 못 올 그 시절.

가산별곡 22
— 시집가네 3

갈라져 뚝살 손이 다 됐네, 질 막가지*
소두방 운전하랴 농사일 애들 건사
철 따라 골마다 꽃 피던 가산 친정 그립다.

그래도 좋다 좋아 가산골 좋을시고.
길섶에 산딸기가 붉게도 익어가고
소쩍새 밤새 울어대던 가산산천 좋구나.

* 막가지 : 길에 너러진 나뭇가지

가산별곡 23
― 시집가네 4

젊어서 가세가세 청춘에 찾아보세.
늙으면 기력 없어 가보지 못 한다네.
찐빵에 단팥 들지 않은 그림 속의 떡이라.

가산을 가세가세 꽃 피는 열두가산.
한 여름 밤 맥기 솔밭 금강수 맑은 물에
옷 벗고 홀라당 알몸으로 달 볼까 별님 볼까.

건너세 가산가세 맥기강 솔밭 강변
부끄러 아랫도리 가리며 웅크리다
금강 물 맥기 나루 건너 가산산천 찾으세.

막지 강 목강하니 낮 더위 싹 가시고
너무나 차가워서 입술까지 파랗고
온몸이 덜덜 떨리니 간장까지 짜르르.

가산별곡 24
― 가산친정 가고파

그믐달 언뜻 언뜻 물 비친 내 몸뚱이
오뉴월 뙤약볕에 모내기 들밭 일에
네발로 기며 매면서 시커먹게 그을다

강바닥 흰 자갈이 내 몸보다 허옇구나.
내 청춘 어디 가고 아줌마 다 되었네.
눈물 나 눈물 나네 가산댁 집에 가자.

몸뻬에 두루고서 저고리 주섬 주섬
밤하늘 들려 오는 소쩍새 소쩍 소쩍
어느새 솔밭 길 건너서 동네 입구 왔구나.

어릴 적 친정살이 추억하며 걷다보니
무심코 가산댁이 빙그레 행복하네 .
건너세 건너나 주게, 가산친정 가고파.

가산별곡 25
— 맥기나루

건너세 맥기나루
가보세 열두 가산

석 삼년 시집살이
서럽다 하지만

어릴 때 소꿉동무가
그리워라 그립다.

나루터 오는 길손
새 소식 전해줄까

일 년이 이년 삼년
할망구 다 되었다.

가세나 두메나 산골
어절씨구 가산골.

가산별곡 26
— 정그정 옥천 장

정그정 장을 보러 정자 끝 소징이라.
막지 강 소강 건너 새벽에 배 타고서
옥천 장 정그정 가세 물안개야 걷혀라.

마음은 어서 빨리 나룻배 타고 건너
한 걸음 옥천장터 맴마저 콩닥콩닥
가보세 옥천 장 가세 신나는 옥천 장.

저고리 무명적삼 얼굴에 박가 분칠
입술에 빨갛게도 구즈베니 바르고
쇠전 장 보러 가시는 낭군님을 따르세.

뜻뜻한 장국 밥을 난전에서 먹을까,
탁배기 한 사발을 서방님 꿀꺽꿀꺽
가보세 옥천 장 가세 장 구경에 신난다.

가산별곡 27
— 아버님 정

아서라 우리 신랑, 장에서 돌아 올 때
동구 밖 흥부 애들 숫자 많은 자식들이
새끼줄 고등어 한손 또 한 손에 꽁치라.

쪼로롱 애비한테 달려가서 안기면
엿 둬 개 달디 달은 눈깔사탕 서너 개
이빨로 따닥 깨주던 아버님 정 뜨겁다.

달구나, 사탕 달다 엿 먹자 꿀맛이다.
입에서 살살 녹네, 빨아서 아껴 먹자.
가보세 옥천 상회에서 사탕 살까 엿 살까.

가산별곡 28
― 장 보고 오는 길

가보세 가산가세 가보자 열두 가산.
양지골 을미기냐, 진주골 논골이냐.
저녁 해 떨어지기 전에 열두 가산 집에 가.

열두나 가산산천 가보세 가세가세.
을미기 지경말은 수수, 조, 먹고 사나
깊어라, 가산산중은 두메나 첩첩산골.

진주골, 을미기라 어디가 두메산골
내 옳다 네가 옳다 도토리 키 재기로
소란한 왁자지껄한 옥신각신 재밌다.

모랭이 돌아가자 얼릉 와 어서 가자.
어서 가 어서 가세 가산골 열두 가산
장꾼들 어찌 따라 갈까 바삐 바삐 걸음아.

먼저 간 장꾼들 바람벽 지나쳐서
모랑이 돌고 돌아 감나무께 가겠소.
뒤 처진 가산장꾼들 발걸음이 빨라져.

가산별곡 29
— 그리운 가산

장고개 가마 타고 정거정 시집갈 때
부푼 꿈 청실홍실 가슴은 두 방망이
십리 길 한달음으로 가마 타고 넘었네.

얼씨구 절씨구나 쿵덕 쿵 홍실청실
비탈 밭 눈에 익고 화전 밭 풍성하다.
돌아본 친정곳이가 그립구나 그리워.

가산별곡 30
― 친정곳이

내 친정 가산이요 그리운 두메산골
가보세 가산 가세 그리운 나의 친정
양지골, 논골과 화골, 지경말, 단지골아.

딸 주려 고이고이 품속에 간직한 뜻
애 낳아 에미 되고 부모 마음 알 것 같네.
어머니 속옷자락에서 지전 몇 푼 주시고.

가고파 친정가세 보고파 열두 가산
가산을 찾아가세 가보세 친정곳이
양지골 내 고향 친정 어서 빨랑 가고파.

가산별곡 31
― 가산천 유람

얼씨구 절씨구나, 열두 가산 좋을시고.
가산 가산 열두 가산 이 골짝 저 골짜기
옥계수 흘러 내리는 가산천 맑은 물.

버들피리 여유롭고 산천어 유람하는
산수 맑은 내 고향 열두 가산 좋을시고
도슬비 칼 조개 가재 징거미도 많더라.

한 돌 들면 한 마리 두 돌 들면 세 마리,
가득한 대조롱이 마음 흐뭇 기쁘다.
물 좋고 인심도 좋은 두메산골 열두 가산.

* 도슬비 : 다슬기의 옥천사투리

가산별곡 32
— 풍년 가산

가을이라 열두 가산
산지사방 풍년 드네.

대풍년 경사로다
감까지 지천이네.

수줍어
볼 붉히는가
대추나무 불 붙었다.

가산별곡 33
― 장가 가네

가세가세 장가가세
열두가산 색시 곱네.

지난 봄에 선 본 총각
분저실에 산다는데

분이는
등잔불 아래
고개 숙여 수줍네.

제3부

그리워하지 않으리

구룡촌 九龍村

아홉 봉 산봉우리 구룡촌을 감싸고
집집이 대나무 숲
언제나 푸르구나
우암의 대나무 같은 곧은 성품 배어난다.

구룡촌 마을에서 우암 선생 태어났다.
주자학 대유학자
유허비가 우뚝하고
임진란 순국을 하신 곽자방 충신비각.

마을 앞 들판 너머 명산이라 월이산.
곽씨 부인 태몽에
월이산을 삼켰다.
수려한 산수풍광을 금강수가 휘돈다.

* 곽자방 : 우암 송시열의 외조부. 이원면 구룡촌 출신으로 훈련원 주부 관직을 그만두고 낙향했다가 임진왜란이 발발하자 조헌의 참모장으로 청주성 수복 전투에 참가하고 7백 의병과 함께 금산서 순국한 충신.

옥천이원 만세운동

대한제국 쓰러지자 수묵리 먹뱅이서
구장터 이원장날 태극기 가슴 품고
장꾼들 독립만세를 모두 함께 외쳤다.

출동한 헌병대가 말 타고 온 구딤티
외치고 함성 질러 대한인 일어섰다.
내 백성 내 겨레사랑 애국심이 끓는다.

왜놈 총 금산 총각 가슴 맞고 숨지자,
군중들 벌떼처럼 헌병대 들이 닥쳐
이산현 굳센 기백으로 독립 혼을 높였다.

쌍봉서원雙峯書院

한 능선 두 봉우리 함박산과 퇴미산
맑은 정기 이어내려
인물마다 곧은 성품
일찍이 서원을 열어 옥천고을 빛냈다.

이충범 동춘 선생, 후학들을 가르치다
임진란 발발하자
지사들과 동행하여
애국심 구국의 일념, 의병으로 나섰다.

늙은 몸 칠십 노구 추풍령 고개 넘어
왜군들을 갈잎처럼
신출귀몰 무찌르고
낙동강 구미 선산에 겨레 혼을 뿌렸다.

양신정 養神亭

한적히 마음 닦던
동산 위 기와정자

옛날에 금강 물이
정자를 구비 돌고

전팽령 송정 선생이
책 벗 삼아 세월 낚다.

삼형제 옥천 전씨
금강가 살았더라.

기사천 취원정에
목담가 양신정을

압구정 정자 세워서
목담팔경 즐겼다.

청마리 靑馬里

아득한 저 산 너머 흰 구름 머무는 곳
산 아래 자리 잡고
강 끼고 산답니다.
꼬부랑 말티 고개가 구불구불 높은데.

나무꾼 선녀 사는 동화 속 마을동네
마을 앞 강여울에 눈치 떼 쏜살 되고
한줄기 소낙비 그치니 푸르름이 더하다.

말티산 정기 받아 힘차다 천하대장군,
맑은 강 비단수라 순박한 지하대장군,
다정한 천생배필로 마을평안 빕니다.

청산향교 靑山鄕校

푸르른 청산 고을 덕의산 우뚝하고
예부터 물 맑구나,
산수가 아름답다.
도덕봉 내린 산기슭에 청산향교 터 잡다.

보청천 흘러흘러 그 경치 빼어나다.
유학을 널리 펴신
공자 맹자 위패 모셔
고을 안 소년 선비들 학예 닦던 명륜당.

예곡정사 藝谷精舍

하늘에
해가 있고
땅에는
사람 있다.

사람아!
군자라면
육예六藝를
배우거라.

현판 글
우암 선생 필체
예곡정사
빛난다.

* 6예(여섯 가지 예술) : 예절禮, 음악樂, 궁술射, 마술御, 서도書, 수학數

덕양서당德陽書堂

국사봉 내달려온
덕실 마을 가운데

인평대군 사부이신
유식 선생 덕양서당.

일찍이 배움 터 세워
나라 희망 길렀다.

경율당 景栗堂

고사리 밭 산언덕에
옛집 하나 서있네.

의병장 후율 선생
정신을 이어받자,

전후회 선생님께서
경율당을 지었네.

막지강 연가 1
— 내 고향

옛 얘기 들려오는 솔밭 숲 오솔길
그 시절 막지 금강 너무나 그리워라.
옛 시절 흑백사진처럼 스쳐스쳐 갑니다.

새벽녘 그물 걷는 어부의 홍 노래에
대청호 새벽안개 살며시 걷히우고
그립다, 어머님 품속 내 고향이 그립다.

저 골짝 눈에 박힌 산포도 따던 추억
그 옛날 내 살던 곳 따스한 그리운 정
설레며 고향 가는 날, 손꼽아서 기다려.

막지강 연가 2
― 못 잊어

드넓은 갈대밭에 고라니 한 쌍이
따스한 눈빛으로 나란히 긴 목 들어
말없이 동쪽 이슬봉에 걸린 달을 봅니다.

희미한 등잔불에 비춰본 편지 한 장
그립다 보고픈 맘 수줍던 그 소식들,
아직도 가슴 떨리는 그대 생각 못 잊어.

어디선가 들려올 듯 그대의 속삭임이
첫사랑 아쉬운 맘 이렇게도 남아서
흐르는 세월에 묻혀도 잊지 못할 그대여.

장포강長浦江에서

분홍색 저고리에
꽃 댕기 달아매고
찔레꽃 필 무렵에
눈물 짓던 사람아.
떠나간 장포강가에
가을빛이 눈부시다.

꿈길에 들려오는
그리운 속삭임이
앞 강물 흘러 흘러
내 품에 안겨 오는
파란 저 하늘가에서
그대 얼굴 맴돈다.

* 장포강 : 충청북도 옥천군 안내면 장계관광지 금강(현재 대청호)

곰절이 폭포

여름비 퍼부었다
아련한 폭포소리

물 건너 깊은 산중, 고요함 일깨우다. 흰 적삼 날개옷을 숨겨놓은 나뭇꾼, 선녀탕 내리쏟는 황홀한 한낮 꿈속.

울리는 곰절이 폭포
하늘까지 닿겠네.

장고개

흰구름이 감싸 안는
산마루턱 오솔길

그대 소식 기다리는
장고개 수수밭에

긴 머리
빨간 댕기 소녀
조신하던 매무시.

반가운 산 까치가
바람 타고 날아와

산마루 높이 올라
전하는 그대 소식

노 젓는
뱃사공 편에
내 사랑도 전하네.

열무네 뱃사공아

사공아 뱃사공아
열무네 뱃사공아

앞강에 배 띄워라
깊은 물에 배 띄워라

갈대 우거진 쑥마루에
청피무수 뽑으리라.

은 모래밭 금 모래밭
눈부신 백사장

꽃산이 복사꽃 향
님 사랑 찾았더냐

건너 줘 어서 건너 주게
열무네 뱃사공아.

봉수지기 딸 1

고달픈 봉수지기
산그늘에 꽃이 피면

연분홍 사연으로
매달린 꽃 방울들

고리산
두메산골에
금낭화로 자란다.

환평보 여울목에
드센 물결 일어나면

풍만한 살결들이
다가왔다 부서진다.

적막한
초여름 밤에
쏟아지는 은하수.

봉수지기 딸 2

찔레꽃 하얀 설움
그믐달도 잠든 밤

이지당 불빛마저
졸린 듯 희미하다.

밤새워
울음을 토하는
총각 혼이 슬프다.

무심코 그려 보는
월이산月伊山 청년 심사

보고픈 님 기다리는
마음을 모르는지

고리산
봉수지기 딸
서러운 하늘이다.

앵두櫻桃

당신의 그 빠알간 입술에 첫 키스
그립고 달콤하던 향기가 묻어난다.
우물가
물을 기르던
해맑았던 그 얼굴

얼굴에 떨어지는 태양을 머금어서
마음에 타는 정렬 뜨겁게 달궈 내고
빨갛다,
이리도 곱게
터질 듯이 빨갛다.

당신이 붉은 치마 입고서 시집가는
5월은 온 초록이 합창을 한 답니다.
그리워,
6월의 넝쿨 장미
활짝 필 때입니다.

그리워하지 않으리

뭇 새들 짝지어 날아드는 초록 들판
아침 해 눈부시게 강물에 빛이 나고
해마다 봄소식 따라 진달래는 피었다.

푸르른 강물에 아롱대며 흐르지만
그대와 옛 이별의 쓰라림이 남아서
이 가슴 깊은 곳까지 촉촉하게 적신다.

그 동안 세월 따라 얼마나 변했을까.
꽃다운 그대 향기 남아있다 하더라도
그래도, 그리워 않으리, 너와 나의 사랑을.

사방치 관성 언덕

금강 물 휘 감돌아 관성 땅 이뤄나니
모여라 사방팔방
온 세상 사람들아
사방치 산언덕에서 예술혼이 타노라.

여기는 육백년을 이어온 관성 옛터
오너라 동서남북
동해 서해 남해까지
활기찬 옥천의 노래 온 세상에 펼쳐라.

한민족 백두대간 소백의 서녘 땅에
서대산 골 따라서
달려오는 바람아.
오늘밤 예술 혼불을 더 뜨겁게 피우라.

* 사방치 : 옥천문화원 부근 고개로 사방치, 새뱅치 고개로 불려지고 체육 공원 산을 새뱅치산이라 함

고향의 봄

4월의 연분홍빛 진달래 피어난다.
담장 너머 살구나무 하얗게 흩날리고
따스한 남풍바람에 고향의 봄 그립다.

향긋한 라일락 꽃 찔레꽃 필 무렵에
마음은 고향으로 어느새 달려가고
가슴이 찡한 5월의 고향 봄이 그립다.

한식날에
— 어머니

산기슭 골짜기에 초록빛 물드는 봄,
소나무 숲길 지나 양지 볕 따뜻하면
한식날 선산에 올라 성묘하고 풀 뽑다.

황천은 하늘나라, 보고픈 어머니가
아버지 영혼 따라 가시던 그날에도
꺼억 꺽 갈까마귀가 목이 쉬어 울었다.

후손들 잘 되기를 기도하시던 어머니
아지랑이 피어나는 산기슭 솔밭 길에
저리도 다정스럽게 그리움을 가꾸시네.

가덕리 여름밤

금 모래밭 강 건너
벼랑길 십여 리에

산딸기 익어가는
가덕리 한 여름 밤

외롭게 산새들마저
울다 지친 끝자리.

가덕교 은은한
가로등 불빛 타고

고향의 친구들과
정다운 이야기

밤새워 강물에 여울져
저리 흘러 멀어지네.

은어의 고향

드넓은 대청호와 비단 같은 강줄기
설익은 수박 향을 여울 강에 풀어내며
달콤한 포도향기에 내 고향을 가고파.

어스름한 달빛에 은빛이 반짝인다.
들국화 핀 길 따라 어서 빨리 가고파
까만 밤 하얀 물살을 온 몸으로 오른다.

옥계리 폭포

푸른 산 높은 골짝 어디서 온 물일까
저 폭포 산 너머에
뉘라서 살고 있나.
소나무 아래 호랑이 수염 기른 신선들

저만치 하늘 끝에 은빛 비늘 옥계수를
그 누가 내리 쏟나
선녀의 치마폭에
천상의 흰 구슬 같은 아리따움 쏟는가.

복사꽃 여정

흰 눈 속 피어나는 은은한 매화향기
마지막 꽃샘추위 봄소식 잉태하고
어느덧 추운 늦겨울도 끝자락에 서있다.

춥던 날 풀어져서 따스한 남풍 불면
양버들 개울가에 물 따라 피어나고
개울가 봄나물 캐던 아가씨 설렙니다.

진달래 만개하여 봄꿈이 그윽한 날
뜨락에 순백색의 목련꽃 가득하고
아담한 담장 너머에 뽀얗게 핀 살구꽃.

온 세상 하얗게 물들이던 서너 날
초록빛 언덕배기 복사꽃 활짝 피어
아이야 꽃구경 가자 봄꽃 향연 축제다.

옛사랑

파아란
보리밭에
첫사랑 추억담아

싱긋한
봄바람과
날아왔던 사랑아

그리운
그대 얼굴이
봄 하늘에 어린다.

고향의 강

금강 가 여울에서
온갖 시름 다 띄우고

철봉산 돌아가는
대청호 백리 물길

연분홍 추억 새겨진
강변길을 걷는다.

금강 물 눈 부셔라
아름답던 유원지

파란 꿈 하얀 꿈이
알알이 박힌 언덕

언제나 가고 싶어라
고향의 강 그립다.

부처 세상

세상이 아수라니
탐욕을 줄이고.

청정한 도량에서
단정히 일신하여

세상사
잠시나마 잊고
유심조를 선하리.

* 아수라 : 阿修羅, Asura, 싸움을 일삼는 귀신, 인도의 범어

언덕길에서

뒷동산 진달래꽃
흩날리던 이른 봄

할미꽃 피어있는
저기 저 언덕길에

아련히
남아 있는가,
아롱지는 옛 추억.

절세가인 왕소군 王昭君

화초 없는 봄이라 봄이 아니 온다는*
거칠은 모래 폭풍 황량한 흉노 땅에
한나라 미인궁녀인 시집가는 소군아.

오랑캐 땅 천하미인 초원길 눈부시다.
절세가인 왕소군을 황제만 몰랐구나.
화공께 뇌물 안주니 못 생기게 그렸다.

기구한 운명으로 장안성 떠 나가네.
나르는 새들조차 소군에 반하여서
혼 빠져 넋을 잃고서 하늘에서 지더라.

* 당나라 동방규의 『왕소군의 원망』 詩 중 '胡地無花草 春來不似春' 구절

경국지색 서시西施

예부터 장강 이남 절강성 미인 고장
천하에 서시미인 땔나무 장사꾼 딸
소흥부 저라산 속 완사촌서 태어났네.

천하미인 서시가 포양강 물가에 섰네.
미인의 물그림자 물고기들 넋 잃고
헤엄을 멈추어 서서 강물에 가라앉다.

제나라 위나라로 공자가 주유하던
중원은 패권 다툼 각 나라 춘추시대
월나라 구천의 가슴은 오에 패해 와신상담.

월나라 미인 뽑아 나라 위해 바쳐진 몸
미인계 서시는 오왕 부차 애첩 됐네.
서시에 쏙 빠져버려 오나라는 망했다.

천하일색 양귀비 1

화청지 온천수에
뜨겁던 황제 사랑
황홀히 새긴 그 정
붉게도 피어나서
긴 세월 천삼백 년 후에도
아름답게 빛난다.

어허라 탄식이라
가슴 뭉클 번져오는
눈부신 하얀 살결
풍만한 그대 자태
천하의 아리따움은
천하일색 양귀비.

천하일색 양귀비 2

홍경궁 높은 누각 화사한 그대 자취
치마끈 펄럭이면 천하가 흔들리고
화려한 온갖 영화가 구름같이 덧없다.

장안성 옥루 위에 흰 달빛 내려앉고
고요한 정적 속에 들리는 피리소리
구슬픈 백낙천 장한가가 애절히도 들린다.

예쁘다 눈 부셔라 만인들 절세미인
끝없는 그대 사랑 양귀비 천하일색
세월이 흐르고 흘러도 미인 찬양 드높다.

장강만리 長江萬里

곤륜산 만년설이 천길 삼협 흐르며
아득한 절벽 끝에 잔교가 걸렸구나.
물줄기 천상에서 내려 만산 협곡 울린다.

유유히 만리萬里 길을 동으로 흐르는 강
수많은 얘기 품고 억만겁 한결같이
세상 것 모두 받아서 만리 밖을 향한다.

제4부

발길 닿는 그 곳에

백운리 白雲里
— 청산면

백학이 날아드는 청산팔경 백운리라
푸른 청산 덕의봉에 흰 구름이 떠간다.
주자朱子의 고향산천인 창주滄洲가 이만할까.

고씨 박씨 이씨가 마을 세워 고박이냐,
만월령 내린 물이 맑아서 수정 같다.
빨래터 섬섬옥수라 청산 아씨 예쁘다.

여름비 갈령 고개 폭포수 우렁차다
망일암望日庵 풍경소리 그 옛날 청산이여
보청천 푸르고 푸르구나 청산 백운 산수화라.

예부터 곶감, 대추 진상품 청산 고을
춘삼월 시집가는 혼례밑천 애태우다
풍년든 곶감, 대추에 웃고 가는 청산아씨.

보청천 일곱 보와 청산장 어절씨구
유명한 칠보단장七褓單場 빼어난 산수풍광
삼밭에 인삼내음이 싱그러운 청산아.

한곡리 閑谷里
— 한곡리에 온 최시형 교주

하느님 내리셨던 발자국 신기하다.
장수폭포 바위에 또렷이 박혀있네.
가엾은 백성님들아 이내 말 좀 들으소.

'시천주始天主 조화정造化正' 주문을 외워보소.
5만 년 후천개벽 신세계 열린다네.
신천지 오신 그대여 최보따리* 개벽세상.

탐관오리, 왜적소탕 한곡리 서울 장안
이루자, 포덕천하 가시밭 마다않고
보따리, 해월선사가 경향각지 헤맸다.

* 최시형 동학 2대 교주가 수십 년을 보따리 메고 전국을 다니며 전도하여서 최보따리로 불림.

대성리 大城里

보청천 맑은 냇가 춤 추는 수양버들
예부터 경치 좋아 명승지 한호팔경 閑湖八景
대성리 한절밭과 월내미 성재산 고갯길 잿마

도덕봉, 성재산은 변함없이 푸르건만
한절밭에 자리 잡은 문 닫은 대월학교
학동들 텅빈 학교에 코스모스 반갑다.

앞 냇가 여울물에 성재산 물그림자
고갯길 잿마에는 신라 장수 석돌무덤
고라니 어미 찾는 새끼 울음이 밤 깨운다.

매화리梅花里
— 옥천읍

매화꽃 떨어진 곳 매화리 천하 명당
구덕재, 내매, 외매, 상정말 자리하고
마을안 형형색색으로 그림벽화 정답다.

산새들 넘나들던 구덕재 고갯길에
오래된 친구들의 옛날 집 추억하다
마을길 연못 속에서 화사히 핀 연꽃들.

남으로 자고티 길 장꾼들 옛이야기
동쪽은 목사리 길 사연도 가지가지
마을 앞 고령신씨의 매산梅山 비석 서 있다.

증약리 增若里
― 군북면 증약찰방 역말

말갈기 휘날리며 파발마 오가던 길
한양 길 넘나들던 마달령 마루턱에
여보게, 증약 역졸나리 추풍령 길 얼마요?

한 발짝 넘어 서면 대전시 세천동이라
빛 바랜 비석거리 강감찬 호통소리
증약역 찰방 이야기가 주절주절 들린다.

쌈채를 잡사보소 맛 좋고 싱싱하오.
고리산 이슬 먹어 상큼함 일품이네.
한양 길 증약 고개는 국도 철도 분주하다.

마장리 馬場里
　　— 청성면 도장리

아스라한 백두대간 속리산이 다가서고
넓은 들 문수산 밑 오곡이 가득하니
살 곳은 청산현에서 마장리가 최고다.

옛 길손 쉬어가며 말 매던 말바탱이
청산, 상주 오가는 길 약수 좋다 은천동銀泉洞
참말로 너무 시원해서 온갖 여독 다 풀려.

수려한 관모봉의 정기가 머금은 곳
대한제국 그 시절에 황금이 쏟아지니
캐러 가, 금노다지를 신그령은 가보자.

궁촌리 弓村里
— 내려 보는 절경

가슴이 탁 트였다 반갑다 청산들아
청산관문 남대문재 갈지(之)자 구불구불
궁촌재 고갯마루에 정자 하나 의자 둘.

아스라한 백두대간 늘씬한 소백 능선
유유히 보청천 물 끝없이 흐르누나.
내려 본 청산들 경치에 누구라도 감탄사.

연못이 소담하고 동구 목 물그림자
삿갓 돌 멋들어져 사람들 정겨웁다.
뒷산이 활 모양이라서 궁촌리라 하였다.

현리縣里
— 안내면 신촌, 탑산이

푸릇한 보리밭들, 언덕에 터를 닦아
대청호 수몰되어 새 마을 만들어서
옥수수, 감자 심어서 부농을 이루었네.

속리산 한 줄기가 서녘에 뻗어 내려
옥천군 안내 땅에 용문산 되었다오.
예부터 깊은 산골에 절간 있어 탑산이.

창말 장 사발띠기 탁주에 얼큰 취해
꽁치다 봇짐지고 힘들게 넘던 고개
가파른 구비 구비 올라 가산 가던 탑산아.

촉석루

이끼 낀 바위마다
옛 일이 묻어난다.

촉석루
절벽에는
구국 꿈 서려있고
남강에
넘실대는
저문 해 아름답다.
비단옷
풀어 헤쳐
만세를 살자 했네.

논개의
곧은 애국심
하늘길이 장하다

영남루

영남 땅 어디더냐 아리랑 찾아가세.
중앙로 언덕 위에 밀양부 동헌 있고
밀양성
쌓은 성돌 마다 아라리가 박혔다.

처마 끝 걸린 낮달 그늘진 저 구름아.
영남루 산기슭에 아랑의 순결 정조
아랑각
솔 바람결에 옛 얘기가 들린다.

꾀꼬리 우는 숲가 옛 전설 주절주절
영남루 누마루서 詩 한 수 읊어보자.
풍류는
밀양성 영남루가 천하제일 아니냐.

물새가 나르는 밀양의 남천강아.
세월에 빛이 바랜 아름드리 대들보
오늘도
영남루에는 목 백일홍 붉구나.

아랑낭자

한양서
역마타고 사또님 부임한다.
영남루 풍류 좋다 어여쁜 밀양기생
오늘밤 비단이불에 만리장성 쌓을까

객사에
신임사또 첫날밤 잠에 드니
어디서 피리소리 애절히도 들리다.
광풍이 휘몰아치니 처녀귀신 어쩐 일.

첫날밤
오는 사또 줄줄이 황천 간다.
다시 온 신임 부사 무서움을 떨치고
아랑의 원혼을 만나 恨이 맺힌 말 듣고.

대 숲가
포줄 풀어 곳곳을 살펴보고
한 맺힌 시신 찾아 향 올려 후한 장사
순결한 아랑낭자를 기려 세운 아랑각.

광한루

층층이 늘어뜨린 버들잎 사이로
입 벙긋 이 도령이 부채로 가리킨 곳
단오라 그네를 타는 저 처자 누구인고.

속치마 언뜻언뜻 치마가 휘 날린다
방자야 속이 탄다, 불나게 알아 봐라
월매란 퇴물기생의 외동딸년 춘향이.

그 입술 앵두 같고 나폴 되는 빨간 댕기
황홀히 번져오는 연분홍 살구꽃 향
내 사랑 점찍었다오, 오직 그대 춘향 뿐.

도련님 호걸선풍 가슴은 콩닥콩닥
빨갛게 춘향 얼굴 수줍은 듯 내숭 떤다.
내 사랑, 사랑이로구나, 어화 둥둥 춘향아.

죽서루竹西樓
— 이옥봉 여류시인

오십천 파란 물에 드리운 높은 누각
예부터 죽서루가 사계절 절경이다.
동해안 제일명승은 죽서루라 불린다.

빼어난 아름다움 죽서루 경탄하다
뛰어난 여류시인 이옥봉 사백년 전
의병장 이봉 옥천군수 따님이라 합디다.

낭군님 삼척부사 따라서 죽서루에
"하늘에 드는 기러기 근심도 하 길구나"
詩 한 수 옥봉 아씨가 아름답게 남겼다.

* 이옥봉 : 조선 중기 임진왜란 전 허난설원과 친구로 격조 높은 시문으로 중국에 널리 알려진 조선 3대 여류시인으로 대표 시 '몽혼'과 '죽서루' '영월을 지나며' '가을생각·삼척에서' 고교 교과서에 이가림 시인의 '옥봉에게 드리는 글'이 수록됨. 이봉의 서녀로 부친 이봉은 임진왜란 당시 상주 함창에서 의병장으로 임난 중 옥천군수 역임함.

영월 청령포

남한강 푸른 물은 유유히 흐르건만
영월 땅 지나는 길 청령포 애달프다.
두견새 피울음 소리 잊을 수가 있을까.

밤하늘 은하수는 언제나 반짝이며
그 때나 지금이나 사육신 영원하고
청령포 푸른 솔밭 길 그 언제나 푸르다.

백사장 모래밭은 달빛에 반짝이며
천리라 머나먼 길 오로지 그리는 맘
청령포 한 서려 있는 단종애사 잊을까.

경복궁 景福宮

화강석 품계돌이
총총이 벼슬 따라

고개 드니 지엄하다
국왕 전하 존안이다

장엄한
대궐 건물이
조선 산천 압도하다.

대관령大關嶺

고갯길 높디높다
구름도 쉬어 넘고

한 눈에 동해바다
파도가 남실 넘실

해풍이
시원히 불어와서
이 고개를 넘는다.

무릉계곡

다람쥐 넘나들고 찔레 꽃 하얗게 핀
오솔길 걷다보면 쓰러진 고목등걸
뭇 새들 이 골짝서 저 숲을 날아든다.

개울가 삼화사 절 전나무 울울창창
쭉 뻗은 적송들이 열병식 한창이다.
두타산 맑은 무릉계곡 용추폭포 우렁차.

주문진항

뱃고동 선착장에
비릿한 바다 내음

깃발이 휘 날린다
오늘은 만선이다

오징어
지천으로 구르는
이곳은 주문진항

홍문어 팔뚝만한
다리가 울끈 불끈

넓적한 왼눈 광어
도다리 싱싱하고

항구의
등대 불만이
밤바다에 어린다.

강릉 경포대

호수에 달이 하나 술잔에 뜬 달 하나.
그리운 님 얼굴이 술잔에 떠있고
창포로 비단결 머리 윤이 나게 감을까.

나룻배 띠우고서 배를 져 나가보세
희미한 달빛 아래 밤물결 출렁출렁
밤안개 어스름 피는 경포호수 가보자.

송림 숲 너머에는 파랗다 동해바다
파도를 헤쳐 가며 울릉 독도 갈까나.
경포대 강릉 명승으로 관동유람 떠나자.

오죽헌 烏竹軒

대관령 넘어서니 강릉이 눈에 익다.
대숲에 부는 바람 신사임당 자취인가.
사임당 배롱나무는 피고 지길 오백년.

기둥의 주련 글씨 김정희 추사체로
자상한 어머님 정 오죽헌에 새기다.
별당이 오죽헌이라서 더욱 빛을 발 하네.

아늑한 몽룡실서 아기 율곡 태어나고
글 읽는 율곡 소년 사임당 난을 친다.
오죽헌 바른 대숲에 율곡기상 내렸다.

경포해수욕장

백사장 모래밭에 비치파라솔 가득하고
하얗게 밀려오는 끝없는 푸른 파도
시원한 바다바람에 찌는 더위 가신다.

형형색색 수영복 청춘남녀 눈부시다.
검정색 선 그라스 몸매는 에스라인
경포대 해수욕장에 만국기가 날린다.

덕유산 기슭에
— 처가집

별빛이 쏟아지는 덕유산 두메산골
새재에서 불어오는 시원한 산바람아,
늙으신 처가 부모님 만수무강 주소서.

한 아름 적송 숲이 시원한 무주 안성
안마당 내려 보는 무주 진안 고원평야
저 멀리 백두대간이 힘차게 내 달린다.

푸드득 나르는 꿩 한가한 심심산골
높은 산 계곡물은 사계절 넘쳐나고
덕유산 인정스러운 나의 처가 안터말.

기국정 杞菊亭
— 대전 우암사적공원

우암 선생 사적공원 삼문을 들어서니
돌담장 연못가에 차분한 한옥 정자
기국정 입구에 있고, 연못 위 남간정사.

능수버들 늘어진 곳 소제동 방죽가에
그 옛날 구기자와 연꽃이 피어나던
이전한 기국정자는 우암의 혼 서렸다.

남간정사 南澗精舍
― 대전 우암사적공원

누마루 문을 여니 한 폭의 순수화라
옥계수 흘러 내린 연못이 아름답다.
양지녘 졸졸 흐르는 창주 개울 남간이다.

상덕사* 尙德祠

가을볕 따사롭고
탐스런 황토감

시조인 옥천 전 씨
관성군 시향이다.

옛 조상 우러르는 날
초아흐레 오늘은.

손 닦고 향불 사뤄
영정에 옥잔 올려

읍하고 두 손 모아
공손히 절을 하네.

관성 땅 뿌리 내리신
조상공덕 고맙다.

* 상덕사 : 충청북도 영동군 학산면에 위치한 옥천전씨 재실

동춘당 同春堂
― 대전 송준길 고택

은진 송씨 터전인 대전시 송촌동에
돌담장 너머에 아담한 별당 있다.
송준길 호를 기리어 동춘당이라 하였다.

봄 같은 마음으로 어질 인仁 행行하여라.
뜨락에 푸른 고송 선생 인품 깃들이고
연연히 날이 갈수록 존경의 빛 더 한다.

인의를 숭상하며 살아생전 친한 벗
송시열 화양동주 힘 있는 필체로서
동춘당 세 글자를 써 현판에 남겼다.

난리로 더럽힌 땅 도덕을 되살리고
벼슬길 나가서는 효종 왕 보필하며
굴복한 청나라 향해 북벌의 꿈 키웠다.

호연재 김씨*(1)
— 동춘당 후손 며느리

할아버지 강화도에서 호란 중 순절하신
김상용 선생가의 명문가 규수란다.
규방에 글 잘 지었던 여류시인 호연재.

시아버지 따라서 외관에 간 낭군님
홀로 동춘당 집 큰살림 도맡아서
가솔들 다 챙기면서 자식건사 했다네.

보고파 보낸 편지 오누이의 애틋한 정
등잔불 깜박깜박 밤늦도록 또박또박
한지에 검은 먹물로 곱게곱게 썼구나.

* 호연재 김씨(1681~1722) : 조선후기의 여류시인이자, 안동김씨로 송준길 증손인 송요화와 결혼 송촌동에 살았다. 194편 한시가 전해지고 형제간에 시를 서신으로 주고 받았다.

호연재 김씨(2)

청산현감 오빠 온다
동구 밖 언덕에서

마달령 넘었으랴
비래리 지났느냐

먼 하늘 노을 번지고
붉은 해가 진다오.

노새 방울 철렁 철렁
어찌 아니 들리는데

책 살까 붓 사줄까
오라범 현감 오빠

저 만치 환한 웃음이
반갑네요, 울 오빠.

* 청산 : 조선시대 옥천군 동부지역인 청산, 청성면과 보은군 내북면 일대가 청산현 행정구역, 1914년 옥천군에 통합됨. 조선시대 현 대전은 회덕현과 진잠현, 공주목 소속 유성지역이 이었다.

땅 끝 해남

대흥사 동백나무
우거진 숲 해남 땅

머나 먼 태평양에서
불어오는 해풍아

한반도 육지 끝으로
순풍 불어 주소서.

❣ 작품 해설

옥천의 자연과 문화, 그 곡진한 사랑가
— 전순표 시인의 1시조집 작품세계

문학평론가 **리 헌 석**
(사) 문학사랑협의회 이사장

1.

　전순표 시인은 1955년 충북 옥천군 옥천읍 금구리에서 출생하여 성장한다. 그는 옥천삼양초등학교와 옥천중학교를 졸업한 후, 인접한 도시 대전 소재의 충남고등학교를 졸업하고, 충남대학교에서 식품가공학을 전공한다. 장학생으로 선정될 정도로 성적이 우수하였던 그는 사회 정의를 실현하고, 세상 어느 것에도 흔들리지 않는 정론직필을 추구하기 위해 대전일보에 입사하여 신문기자가 된다.

　전순표 시인은 옥천문화원의 상임이사와 부원장을 역임하며 옥천의 향토 문화 발전에 기여한다. 특히 잊혀지고 사라지는 지역의 역사문화에 대한 관심과 사랑으로 일관하여, 현재 '옥천향토전시관'의 명예관장으로 향토사 연구에 전념하고 있다.

　그는 향토문화 유적을 답사하면서 자신도 모르게 솟아오르는 애국애민의 정서적 충격을 시조에 담아낸다.

한 능선 두 봉우리 함박산과 퇴미산
맑은 정기 이어내려
인물마다 곧은 성품
일찍이 서원을 열어 옥천고을 빛냈다.

이충범 동천 선생, 후학들을 가르치다
임진란 발발하자
지사들과 동행하여
애국심 구국의 일념, 의병으로 나섰다.

늙은 몸 칠십 노구 추풍령 고개 넘어
왜군들을 갈잎처럼
신출귀몰 무찌르고
낙동강 구미 선산에 겨레 혼을 뿌렸다.
―「쌍봉 서원」 전문

  이 작품은 3연시조로 구성되어 있다. 의병장 조헌 선생을 비롯하여, 의롭게 분기(奮起)한 이충범 선생, 정립 선생들을 배출한 쌍봉서원을 찬탄하고 있다. 의병들은 국가의 환란에 임하면, 구국일념으로 의로운 목숨을 바치고자 했다.

  이 작품의 중심을 이루는 후율 조헌 의병장은 충청권 의거의 태두(泰斗)이다. 선생의 고향은 경기도 김포였는데, 계모가 계신 충북 보은 현감으로 제수되어 목민관으로서 행정의 본보기를 보이다가, 관직에서 물러난 후, 인근에 있는 옥천군 용촌리에 정착하여 '후율정사'를 개설하고 후학들을 양성하였다. '후율(後栗)'은 임진왜란에 앞서 십만양병설을 주창

한 성리학자 율곡 이이 선생의 뒤를 잇겠다는 의미를 띤 조헌 선생의 아호(雅號)다.

작고한 후에 선생의 위패는 충남 금산군의 '칠백의총'에 모셨지만, 선생을 존경하는 후학들이 옥천군 안내면 도이리에 재실 겸 서당 '후율당'을 설립하여 오늘까지 전한다. 작품 「후율당(後栗堂)」에서 전순표 시인은 〈임진란 충의 기상 배움터 후율당 내/ 충신각과 아들 완기 효자각 함께 있다./ 금산서 만고 효자가 아버지와 숨졌다.〉고 조헌 선생 부자의 순절을 추모한다. 또한 「조헌 표충사」에서는 〈순절하신 의병장〉의 충의 정신을 기려, 나라에서 표충사를 세워 추모 제향을 지낸다고 묵상한다.

충의 열사들을 흠모하던 전순표 시인은 현대시의 중심을 이루었던 정지용 시인을 추모하는 '지용제'의 실무위원으로 참여한다. 선생의 생가를 자주 들러 보살피기도 하고, 자신의 문학 창작에 대한 깨우침을 얻기도 한다.

개울에서 뛰어놀던
어릴 적 지용 시인

청석교 다리 아래
피어나던 달맞이꽃

시집 온 어린 아내가
물을 깃던 우물가.

오가는 세월 따라

무심을 가꾸는데

　　이엉 올린 초가 삼칸
　　옛 추억이 담겨 있다.

　　선생은 멀리 가셨어도
　　시인 묵객 줄을 잇고.
　　　　　　―「시인 정지용 생가」 전문

　전순표 시인은 태생적으로 시를 창작할 수밖에 없는 환경에서 태어나고 성장한다. 충청권 문학의 여명기에 대전에서 시와 시조를 창작하던 전형 시인이 일가이다. 대전일보 주필과 편집국장을 역임한 전형 시인은 대전문화원 원장을 역임할 정도로 당시 대표적 문화인이자 인텔리였다.
　월북 문인들이 해금되자 전순표 시인은 정지용 시인을 기리는 일에 앞장서면서, 전형 시인을 기리는 일에도 적극적으로 나선다. 또한 한국현대시조시인협회 회장을 지낸 옥천 이은방 시인이 작고하자, 그를 기리는 사업도 주도하고 있다.
　그는 이은방 시조시인의 주선으로 2005년 『농민문학』의 신인상에 시가 당선되어 시인으로 등단하였고, 우리 겨레 문학의 전통을 이어온 시조를 창작하겠다는 의지에 힘입어 2006년 『문학사랑』의 신인작품상에 시조가 당선되어 시조시인으로도 나선다. 그 후 시와 시조 창작에 매진하여 수많은 작품을 빚어놓았는데, 겨레시의 정수라 할 시조(時調) 117편을 가려 뽑아 2015년에 첫 시조집 『옥천에 살어리랏다』를 발간한다.

2.

전순표 시인은 옥천의 향토와 역사적 인물을 존경하고 사랑한다. 마음으로만 사랑하는 것이 아니라, 실천하는 지성의 풍모를 유감없이 발휘한다. 해마다 '지용 백일장'의 심사위원으로 참여하고 있으며, 옥천 이은방 선생을 기리는 백일장을 주도적으로 개최한다. 선친이 국가유공자이기도 한 그는 옥천의 향토사 분야에서 '걸어다니는 백과사전'으로 불린다.

이와 함께 문학 작품의 품격을 높이기 위해서 최선을 다한다. 경승지 '명월암'에 대한 작품은 자연으로서의 '명월'과 김옥균을 흠모하던 기생 '명월'의 중의적 비유를 내재한다. 명월암(明月岩)으로 명명된 유래를 〈김옥균 구국충절〉을 사모한 기생 명월이 꽃 같은 몸을 던진 바위라고 확인한다. 이렇게 애달픈 이야기가 강물을 따라 흐르고, 김옥균을 사모한 명월이 순절하듯, 전순표 시인은 〈비단강 혼불〉로 남아 있을 명월을 그려낸다.

이같은 절절한 에피소드를 작품에 담기도 하지만, 그는 평범한 마을에 대해서도 아름다운 서정을 시화(詩化)한다. 고향 마을 「언덕길에서」, 그는 〈뒷동산 진달래꽃/ 흩날리던 이른 봄〉에 〈할미꽃 피어 있는/ 저기 저 언덕길〉을 찾아 〈아롱지는 옛 추억〉을 노래한다.

대청호 출렁이는
아늑한 남향받이

안터 마을 입구에
석기시대 고인돌

원시인 큰 웃음 띠며
어서 와요, 반긴다.

　　　　　　　　　　－「안터 고인돌」 전문

　옥천군에는 구석기 유물이 산재(散在)해 있어 선사시대 이전부터 사람이 살았던 명당으로 일컫는다. '옥천선사공원'에는 장승과 솟대, 그리고 제신탑 모형이 야외에 전시되어 있다. 여러 곳에 산재해 있던 선돌과 고인돌 모형도 전시되어 있다. 이 공원에서 다리를 건너면 '안터마을'이다. 이 마을에도 고인돌과 선돌, 지석묘 등이 산재하는데, 현재는 자연과 문화가 공존하는 친환경 생태마을로, 계절에 따라 다양한 체험행사를 개최한다. 이 마을에도 '안터선사공원'이 조성되어 선돌 모양의 안내석도 볼 수 있으며, 돌칼, 돌화살촉, 돌쩌귀, 그물추 등 석기시대의 유물이 출토되어 학자들과 수많은 관광객이 찾는 곳이다.
　고대의 유물도 소중하지만, 현대 문화유산도 보존할 가치가 있다. 그 예(例)로 「육영수 여사 생가」도 작품에 담아낸다. 여사와 같은 고향인 시인은 〈나의 살던 고향에 살구꽃 피고진다.〉고 서술한다. 또한 〈커다란 아흔아홉 칸 귀하게도 나셨다.〉고 가옥의 규모와 존경하는 인물의 탄생을 서술

한다. 〈자수 놓고 서예하던 정숙한 안채 뒷방〉에 다소곳이 앉아 있는 여사의 모습에서, 시인은 자신을 낳고 길러주신 어머니를 연상한다.

> 산기슭 골짜기에 초록빛 물드는 봄,
> 소나무 숲길 지나 양지 볕 따뜻하면
> 한식날 선산에 올라 성묘하고 풀 뽑다.
>
> 황천은 하늘나라, 보고픈 어머니가
> 아버지 영혼 따라 가시던 그날에도
> 꺼억 꺽 갈까마귀가 목이 쉬어 울었다.
>
> 후손들 잘 되기를 기도하시던 어머니
> 아지랑이 피어나는 산기슭 솔밭 길에
> 저리도 다정스럽게 그리움을 가꾸시네.
> ─ 「한식날에 ─어머니」 전문

　3연시조의 첫수는 묘사와 서술로 전경화(前景化)를 이룬다. 이어 둘째 수에서 절실한 정서를 폭발적으로 형상화한다. 〈황천은 하늘나라〉인데, 그 곳에 계시는 아버지가 그리워 어머니도 그곳으로 떠나셨다는 발상이다. 〈꺼억 꺽 갈까마귀가 목이 쉬어 울었다.〉에서 자신의 먹먹한 정서를 갈까마귀에 의탁하여, 자신의 절절한 슬픔을 타자화한다. 셋째 수에서는 어머니를 추모하는 내면을 간접적으로 묘사한다. 〈아지랑이 피어나는 산기슭 솔밭 길〉의 묘사도 정겹고, 그 솔밭길에 〈저리도 다정스럽게〉 그리움을 가꾸고 계셔서, 시인이 어머니를 그리워한다는 시각이다.

전순표 시인의 문학적 뿌리는 어머니에 닿아 있는 것으로 보인다. 어머니의 친정인 '가산(佳山)' 연작시 33편이 시인의 정서를 대변한다. 가산은 충북 옥천군 군북면의 금강 건너편 안내면 답양리에 있다. 강변을 중심으로 높고 낮은 산들이 아름다운 절경을 이루고 있다.

> 장고개 산마루턱 한 눈에 내려 뵈는
> 대청호 산수 풍광 빼어난 경치로다.
> 어허라, 감탄사 터지는 여기 바로 비인간.
>
> 진걸강 건너편에 좌청룡 오봉산이
> 대청호 맑은 물에 그림자를 드리우고
> 세상을 모두 얻은 듯 출렁이는 저 자태.
>
> 미리새 십리 절벽 우백호 채운산
> 춘삼월에 만발하는 복사꽃 살구꽃
> 눈 앞의 용호팔경과 발 아래 군북팔경.
> ―「가산별곡 6 ―장고개 명승지」 전문

장고개 산마루턱에서 내려보면 대청호의 빼어난 경치가 한눈에 들어온다. 산과 물이 만나는 자연 그대로의 풍광은 인간이 살 수 없는 특성(非人間)을 띤다. 좌청룡 오봉산과 우백호 채운산이 대청호 물에 그림자를 띄우고 출렁인다. 용호팔경과 군북팔경에 봄이 오면 복사꽃과 살구꽃이 만발한다. 이렇게 아름다운 곳이 '가산'이다.

그러나 빼어난 풍광을 가진 곳에서 사는 주민들의 삶은 대체로 고달프게 마련이다. 하늘만 빤하게 보이는 산촌에 의식주가 풍족할 리 없을 터이며, 생활과 밀접한 교육 문화시설이 넉넉할 리 없을 터이고, 인접 지역과 소통하기 위한 교통시설이 편리할 리 없을 터이기 때문이다.

그리하여 그 곳에서 태어나고 사시다가 작고하신 외할머니의 삶을 통해, 죽지 못해 살아가는 팍팍한 삶을 그려내고 있다. 그의 외할머니는 〈삼신산 할미 따라 태어난 두메산골〉에서 사느라 〈기차도 서울구경도/ 못하여 서러운데/ 평생을 뼈골 빠지게 몸 놀려서 일〉했다고 안타까워한다. 그렇지만 외할머니가 〈나물죽으로 연명하다/ 황천에 가보았더니〉 아무리 힘든 생활이라고 해도 저승보다 이승이 낫다고 하신 말씀을 증언한다. 그리하여 다음의 작품이 빚어지는 동인(動因)이 된다.

> 가지 마, 가지 마오.
> 가산골 가지 마오.
> 삼년간 동학난리 낭군 잃고 피난 와서
> 인생이 다 고해라 해도
> 이보다 더 힘겨울까.
>
> 가지 마, 궁벽산촌
> 시골로 가지 마오.
> 미운 정 가산인데 고운 정도 들었다.
> 하늘만 빤한 곳으로
> 가지 마오, 가산골.
> ―「가산별곡 19 ―가지 마오」 전문

이 작품의 서정적 자아는 '가산'에서 살던 사람이다. 가산에서 살 때의 고단함이 내면에서 지워지지 않기 때문에 '가산'으로 가려는 사람들을 만류한다. 그 곳에서 〈미운 정 가산〉이지만 고운 정도 들었을 터이지만, 궁벽한 산촌(山村)인 '가산'에서 징주(定住)하기 위해 가지는 말라고 말린다.

이러한 정서의 바탕에는 '가산'에서 사랑하던 사람과의 이별이 작용한 듯하다. 서로 나누던 진정한 사랑이었든지, 혹은 혼자 그리워하는 짝사랑이었든지, 어떠한 상황이었는지는 표출되지 않았으나, 전순표 시인의 내면에는 '가산'에서 이루지 못한 사랑이 등장한다. 이는 가상(假想)으로 설정된 시인의 상상력이 빚은 아름다운 노래일 수도 있고, 그리운 사람과의 아득한 사랑을 노래한 것일 수도 있다.

> 흰구름이 감싸 안는
> 산마루턱 오솔길
>
> 그대 소식 기다리는
> 장고개 수수밭에
>
> 긴 머리
> 빨간 댕기 소녀
> 조신하던 매무시.
> 반가운 산 까치가
> 바람 타고 날아와
>
> 산마루 높이 올라

전하는 그대 소식

노 젓는
뱃사공 편에
내 사랑도 전하네.

― 「장고개」 전문

　이런 형상화에서 환기하는 절절한 정서는 「장포강(長浦江)에서」도 드러난다. 〈분홍색 저고리에/ 꽃 댕기 달아매고/ 찔레꽃 필 무렵에/ 눈물짓던 사람아/ 떠나간 장포강가에/ 가을빛이 눈부시다.〉라며, 시인은 봄부터 가을까지 면면하게 이어지는 관심과 사랑을 작품에 담아낸다. 이는 점차 환상으로 발전하여 시인의 내면에까지 침투한다. 〈꿈길에 들려오는/ 그리운 속삭임이/ 앞 강물 흘러 흘러/ 내 품에 안겨오는/ 파란 저 하늘가에서/ 그대 얼굴 맴돈다.〉면서 그리운 사람을 환상으로 만난다.
　시인은 이처럼 폭발적인 정서에 힘입어 많은 작품을 빚는다. 때로는 목숨을 아끼지 않을 정도로 사랑을 해야 절실한 작품을 빚게 되며, 그 폭발적 정서가 독자들에게 전달되는 것이다. 시인 스스로도 감동하지 못한 시적 제재로 작품을 빚는다면, 독자들의 가슴에 공감대를 형성하기가 난망할 터이다. 자신도 눈물을 흘릴 정도로 놀라운 제재를 언어로 형상화해야 첫사랑처럼 두근거리는 감동의 휘오리를 형성할 터이다.

3.

　전순표 시인의 작품에는 향토에 대한 사랑을 담은 작품과 불교적 정서를 담은 작품이 중심을 이룬다. 그는 모친의 영향을 받아 태생적 불교 신자로서 무욕의 정서를 작품에 담아낸다. 정서적 고향인 '가산'의 '가산사'를 노래한 작품(「가산별곡 9 —가산사』)에서 〈세상의 시름〉을 풀어놓기 위해 천년 고찰 가산사를 찾아오라고 권면한다.

　충복 옥천군 안내면 답양리 채운산 자락에 자리한 가산사는 신라시대 때 창건된 것으로 전해지는 조계종 제5교구 본사인 법주사의 말사인데, 임진왜란 이전에는 알려지지 않았던 사찰이다. 병자호란 후에 마을이 형성될 정도로 오지였고, 가산사의 사세(寺勢)도 미약하여 주목을 받지 못했으나, 임진왜란 당시 영규대사와 조헌 선생이 의승군(義僧軍)과 의병(義兵)을 훈련하고 군영(軍營)으로 활용하여 역사적 의의가 큰 절이다. 그런 이유로 일제 강점기에는 두 의병장의 영정을 강제로 빼앗길 정도로 탄압을 받은 호국 사찰이다.

　이와 같은 호국정신의 도량(道場)인 것에도 방점을 찍지만, 전순표 시인은 삶에 대한 맑은 깨달음을 얻기 위해 부처님께 의탁한다.

　　　세상이 아수라니
　　　탐욕을 줄이고.

　　　청정한 도량에서
　　　단정히 일신하여

세상사
잠시나마 잊고
유심조를 선하리.
　　　　　　　　　―「부처 세상」 전문

구름 걸린 벼랑길
욕심 털며 올라서면

바위 병풍 둘러친
식장산의 구절사.

청풍에 번뇌를 씻고
무량무심 가꾼다.
　　　　　　　　　―「식장산 구절사」 전문

　단시조(短時調) 형식의 두 작품에 흐르는 정서는 무욕의 시심이다. 세상의 탐진치에서 벗어나고자 하는 정각정심(正覺正心)의 발현이다. 「부처 세상」은 아수라(阿修羅)의 세상을 이루는 원인이 탐욕이라 보고, 이 탐욕을 줄이기 위해 청정한 도량(道場)에서 단정한 마음으로 일신(一新)하고자 한다. 시끄러운 세상사를 잠시나마 잊기 위해, 선(禪)을 통하여 인간 삶의 일체가 유심조(唯心造)라는 정각(正覺)에 이르고자 하는 시심을 담아낸다.
　「식장산 구절사」는 대전광역시 동구와 충청북도 옥천군 경계에 소재한 식장산 능선 아래에 있다. 옥천쪽 깎아지른 절벽 앞에 있어 대중이 근접하기 어려운 사찰이다. 구름과

안개가 감싸고 있는 벼랑길을 오르면, 아담한 사찰이 마중한다. 상쾌한 바람에 세상의 번뇌를 씻으며 욕심을 비우려는 시인의 오롯한 소망이 이 작품에 투영되어 있다.

  이러한 발상은 '참 나(眞我)'를 찾으려는 구도(求道)적 자세에서 비롯된다. 이러한 자세를 바탕으로 맑은 시심, 청정한 불심으로 작품을 창작하여 독자들과 함께 깨달음의 공감대를 형성하고자 한다. 이러한 작품을 감상하며 그가 추구하는 향토사 바로잡기와 향토문화 선양에 눈부신 역할을 담당하리라 확신한다. 이런 믿음과 기대로 전순표 시인의 작품 감상을 마친다.

옥천에 살어리랏다
전순표시집

발 행 일 | 2015년 12월 15일
지은이 | 전순표
발 행 인 | 李憲錫
발 행 처 | 오늘의문학사
출판등록 | 제55호(1993년 6월 23일)

주　　소 | 대전광역시 동구 대전로 867번길 52(삼성동 한밭오피스텔 401호)
전화번호 | (042)624-2980
팩시밀리 | (042)628-2983
홈페이지 | http://www.lito77.co.kr(홈페이지)
전자우편 | hs2980@hanmail.net

공 급 처 | 한국출판협동조합
주문전화 | (070)7119-1741~2
팩시밀리 | (031)944-8234~6

ISBN 978-89-5669-728-4
값 8,000원

ⓒ전순표, 2015

* 지은이와 협의하여 인지는 생략합니다.
* 잘못된 책은 바꾸어 드립니다.
* 이 책은 전자책(교보문고)으로도 제작되었습니다.

* 이 시집은 충청북도 문예진흥기금 / 옥천군에서 제작비 일부를 지원받았습니다.